Keyboard Klangwelt

DIE SUPERSOUND-SERIE FÜR PORTABLE TASTENINSTRUMENTE

MODERN TALKING

11 NEUE ARRANGEMENTS

BEARBEITUNG:
STEVE BOARDER
ED 8973

SCHOTT

Mainz · London · Madrid · New York · Paris · Tokyo · Toronto

© 1998 Schott Musik International GmbH & Co. KG, Mainz · Printed in Germany

You're My Heart, You're My Soul

Brother Louie

TIPS ZUM SPIELEN		MEIN SUPERSOUND	
Rhythmusgerät: **On**	Tempo: ♩ ca.120	Rhythmusgerät:	Tempo:
Begleitrhythmus: **Euro Beat**		Begleitrhythmus:	
Effekte:		Effekte:	
Registrierung: **Crystal**		Registrierung:	

● Beachte: Tonart D-Moll: h wird zu b; Wiederholungszeichen; |1.| und |2.| ; *D.S. al Fine.*

Musik & Text: Dieter Bohlen

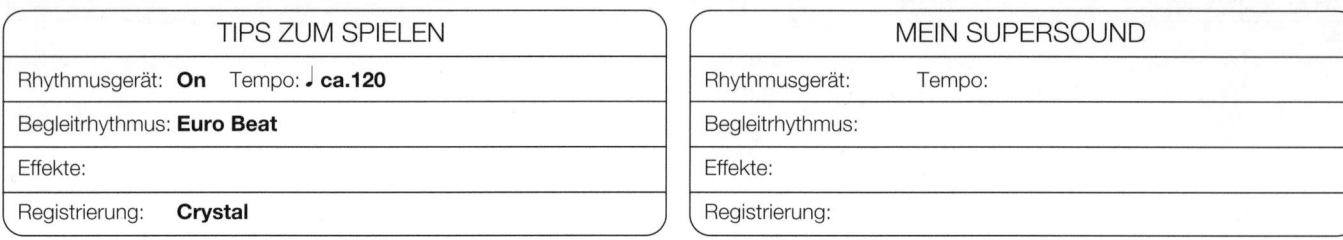

1. Deep, love is a burning fire.
2. Stay, cause this boy wants to gamble.

Stay, cause then the flames grows higher. Babe, don't let him steal your heart it's easy, easy. Girl, this game can't last forever. Why? We love not live together. Try, don't let him

Stay, love's more than he can handle. Girl, oh, come on stay by me forever, ever. Why does he go on pretending that his can is never ending? Babe, don't let him

© 1986 by Hansa Musik Verlag GmbH/Hanseatic Musikverlag GmbH-Blue Obsession

Cheri, Cheri Lady

TIPS ZUM SPIELEN	
Rhythmusgerät: **On**	Tempo: ♩ ca. = **120**
Begleitrhythmus: **Euro Beat**	
Effekte:	
Registrierung: **Shakuhashi**	

MEIN SUPERSOUND	
Rhythmusgerät:	Tempo:
Begleitrhythmus:	
Effekte:	
Registrierung:	

● Beachte: Tonart D-Moll: h wird zu b; Wiederholungszeichen

Musik & Text: Dieter Bohlen

1. Oh, I can not ex-plain ev'-ry time it's the same oh, I feel that it's real take my heart. I've been lone-ly too long. Oh, I can't be so strong take the chance for ro-mance, take my heart, I need you
2. I'll get up, I'll get down, all my world turns a-round. Who is right, who is wrong? I don't know. I've got pain in my heart got a love in my soul ea-sy come but I think ea-sy go. I need you

© 1985 by Hansa Musik Verlag GmbH/Hanseatic Musikverlag GmbH-Blue Obsession

You Can Win If You Want

TIPS ZUM SPIELEN		MEIN SUPERSOUND	
Rhythmusgerät: **On**	Tempo: ♩ ca. 118	Rhythmusgerät:	Tempo:
Begleitrhythmus: **Euro Beat**		Begleitrhythmus:	
Effekte:		Effekte:	
Registrierung: **Piano**		Registrierung:	

● Beachte: Tonart C-Moll; Wiederholungszeichen; |1. und |2.

Musik & Text: Dieter Bohlen

1. You packed your things in a car-pet-bag left and nev-er look-ing back, rings on your fing-ers, paint on your toes, mu-sic wher-ev-er you go. You don't fit in a small town world but I feel you are the girl for me.

2. Oh, dark-ness finds you on your own, end-less high-ways keep on roll-ing on. You are miles and miles from your home but you nev-er want to phone your home. A stea-dy job and a nice young man, your pa-rents had your fu-ture planed.

© 1985 by Hansa Musik Verlag GmbH/Hanseatic Musikverlag GmbH-Blue Obsession

Atlantis Is Calling

TIPS ZUM SPIELEN		MEIN SUPERSOUND	
Rhythmusgerät: **On**	Tempo: ♩ ca. 120	Rhythmusgerät:	Tempo:
Begleitrhythmus: **Euro Beat**		Begleitrhythmus:	
Effekte:		Effekte:	
Registrierung: **E-Piano**		Registrierung:	

● Beachte: Tonart D-Moll: h wird zu b; Wiederholungszeichen; |1.| und |2.| ; *D.C. al ⊕ – ⊕*

Musik & Text: Dieter Bohlen

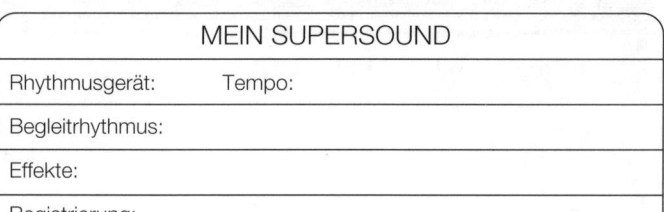

1. La - dy, I know it was hard but it's much hard - er to ig - nore. There is a chance and I'll pro - mise I won't hurt you a - ny - more. Hol - ly - wood nights we're ro - manc - ing, you can trust me a - ny - time. Some - where, oh, babe, there is some - one oh, you're

© 1986 by Hansa Musik Verlag GmbH/Hanseatic Musikverlag GmbH-Blue Obsession

2. If loving you is wrong, babe
   Oh, I don't wanna be right
   I've got you under my skin, babe
   And baby, hold me tight
   I'm ready for our romance
   I wait a million years for you
   I love you more than I'm saying
   Baby, that's for me the truth.

Geronimo's Cadillac

TIPS ZUM SPIELEN		MEIN SUPERSOUND	
Rhythmusgerät: **On**	Tempo: ♩ **ca. 116**	Rhythmusgerät:	Tempo:
Begleitrhythmus: **Euro Beat**		Begleitrhythmus:	
Effekte:		Effekte:	
Registrierung: **Square Wave**		Registrierung:	

● Beachte: Tonart G-Dur: f wird zu fis; Wiederholungszeichen; *D.C. al Fine*

Musik & Text: Dieter Bohlen

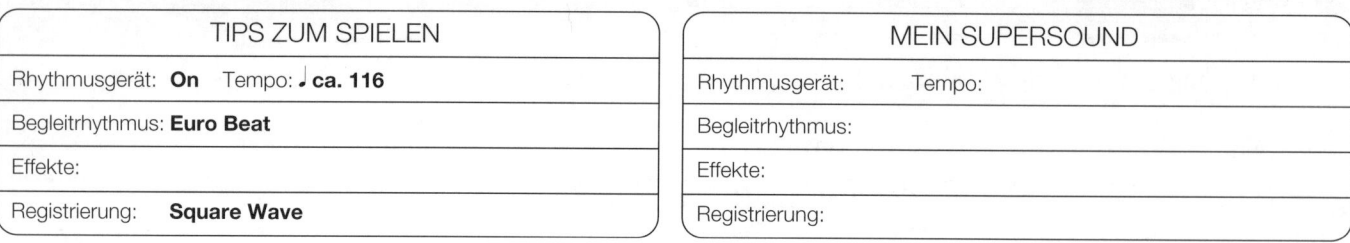

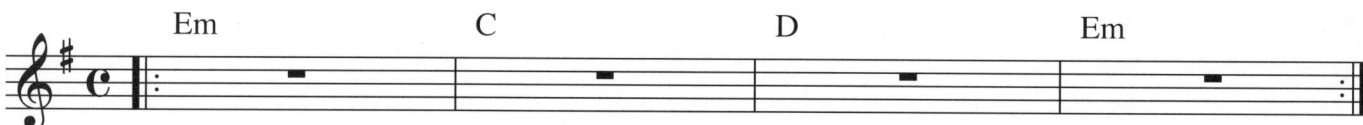

1. I wan-na share my dreams, ___ wan-na share with you. ___
2. I'm look-ing through the eyes, ___ the eyes of love,

___ On the wings of love ___ like dream-ers do. ___ Touch your
tears made a fool of me, ___ can't get e-nough. ___ Touch my

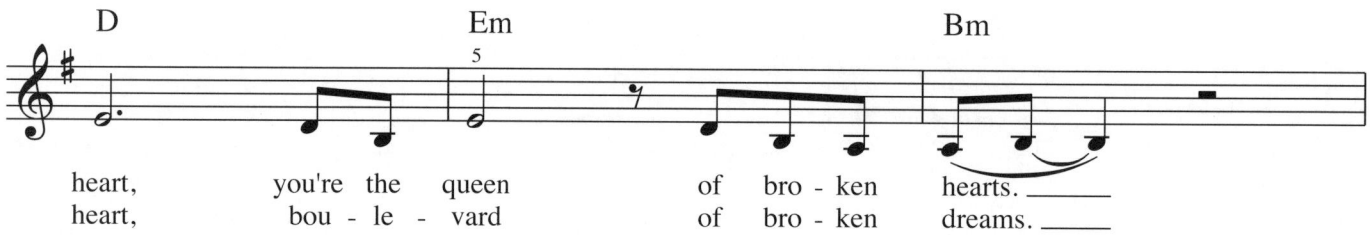

heart, you're the queen of bro-ken hearts. ___
heart, bou-le-vard of bro-ken dreams. ___

Oh, we are day-time friends ___ and night-time fools ___
An-oth-er time for love, ___ oth-er place to be, ___

© 1986 by Hansa Musik Verlag GmbH/Hanseatic Musikverlag GmbH-Blue Obsession

GRIFFTABELLE II FÜR SFC-AKKORDE
z. B. Antonelli, Casio, Hohner

Statt der weißen können auch schwarze Tasten (oder gemischt) rechts vom Grundton gedrückt werden.
Alternative Griffmöglichkeiten (für denselben Akkord) sind schwarz/weiß markiert.

KEYBOARD

DAS INSTRUMENT

Jedes Keyboard ist – wie eine Band – in verschiedene Sections gegliedert. Je nach Größe gibt es verschieden viele „Musiker". Die meisten Keyboards besitzen auch einen „Tonmeister", der für die Effekte zuständig ist. Sie sind jedenfalls der Boß.

REGISTER / MELODY-SECTION / ORCHESTRA

Damit wählen Sie als Solist das Instrument, mit dem Sie die Melodie spielen, z. B. Strings, Guitar oder Piano. Mit dem Melody-Volume-Regler bestimmen Sie die Lautstärke.

Effekte: z. B. Sustain. Entsprechend dem besonderen Klang einiger Instrumente, z. B. Vibraphon, klingt unter Einsatz von Sustain jeder Ton nach dem Loslassen der Taste noch etwas nach.

RHYTHM

Hier sitzt Ihr Drummer. Den Begleitrhythmus wählen Sie durch Knopfdruck (z. B. Tango, March, Beguine), das Tempo mit dem Tempo-Regler (Slow bis Fast). Der Schlagzeuger setzt ein, wenn Sie „Start" drücken, und er hört auf, wenn Sie die Stoptaste betätigen. Soll er dann beginnen, wenn Ihre linke Hand die Tasten drückt, programmieren Sie Synchro Start. Die Lautstärke bestimmen Sie mit dem Rhythm-Volume-Regler, damit können Sie das Schlagzeug auch ganz ausblenden.

Effekte: z. B. Fill in. Kurze solistische Einwürfe spielt Ihr Drummer dann, wenn Sie ihm über die „Fill-in-Taste" Bescheid geben.

BEGLEITAUTOMATIK / ACCOMPANIMENT / RHYTHMIC ORCHESTRA

In dieser Abteilung finden Sie Ihren Bassisten und Gitarristen. Die Lautstärke dieser Musiker bestimmen Sie mit dem Accomp-Volume-Regler.

Effekte: z.B. Arpeggio, Variation. Bei einigen Geräten steht Ihnen auf Wunsch ein Pianist und Harfenist zur Verfügung, die Ihnen virtuose Arpeggien liefern. Mit der Variationstaste verändern die Musiker ihr rhythmisches Spiel.

RECORD / AKKORDSPEICHER / SEQUENZER / CHORD COMPUTER

In diesem Teil Ihres Gerätes befindet sich ein kleines Studio, mit dem Sie Playbacks einspielen können. Unter Playback versteht man eine Musikproduktion, bei der nur noch die Melodie fehlt – in unserem Fall also alles, was die linke Hand ausführt.

Nachdem man den Rhythmus und die Begleitautomatik programmiert hat, drückt man die Aufnahme-Taste, dann die Play-Taste. Die meisten Geräte geben dann einen Takt Rhythmus vor. Am Ende der Aufnahme drücken Sie einen Takt lang die Taste zum Beenden der Aufnahme. Zur Wiedergabe betätigen Sie die Play-Taste. Nun können Sie die Einspielung auch mit anderen Begleitrhythmen und in verschiedenen Tempi ablaufen lassen, während Sie mit der rechten Hand die Melodie spielen oder improvisieren.

Andere Aufnahmetechniken entnehmen Sie bitte der Bedienungsanleitung Ihres Instruments.

TRANSPOSER

Mit Hilfe des Transposers können Sie jedes Musikstück in eine andere Tonart versetzen (transponieren). Sie brauchen nur mit dem entsprechenden Schalter die gewünschte Tonart einzuschalten. Das Transponieren kann z. B. notwendig werden, wenn Sie mitsingen wollen, Ihnen aber die Tonart nicht liegt; oder wenn Sie mit einer Trompete in B♭ oder einem Saxophon in E♭ zusammenspielen wollen. In solchen Fällen stellen Sie den Transposer entsprechend der Grundstimmung des Instruments auf B♭ oder E♭.

TIPS ZUM ÜBEN

Die hier beschriebene Art zu üben hat sich in der Praxis als die effektivste erwiesen. Zweckmäßigerweise beginnt man beim Keyboard mit der linken Hand.

1) LINKE HAND

- SFC-Grifftabelle neben die Noten legen.
- SFC und Memory drücken. Bei Memory klingt der Akkord auch nach dem Loslassen der Taste weiter, und die Hand kann den nächsten Griff schon vorbereiten. Deshalb immer nur kurz antippen, sonst entstehen oft andere als die gewünschten Akkorde.
- Alle im Stück vorkommenden Akkorde einmal durchspielen. Gibt es 2 Griffmöglichkeiten, wählt man den der kürzesten Entfernung zum vorhergehenden und folgenden Akkord.
- Sitzen die Griffe, zählt man laut und gleichmäßig die Viertel und tippt die Akkorde auf den entsprechenden Zählzeiten an.
- Schnelle und schwierige Akkordwechsel übe man gesondert.

KLANGWELT

• Als nächstes spielt man die Akkorde mit Begleitrhythmus zunächst langsam, dann das Tempo steigern.
• Nun können Sie, wie im Abschnitt „Record" beschrieben, eine Aufnahme machen, zu der Sie die R.H. üben oder improvisieren können.

Selbstverständlich können Sie die Akkorde auch ohne SFC, also „Fingered", greifen. Dafür gibt's bei Schott den „Keyboardspicker", MF 1015.

2) RECHTE HAND

• Rhythmisch schwierige Stellen klatschen, laut und gleichmäßig dazu zählen.
• Schwierige Fingersätze (Fingeruntersatz, Fingerübersatz, Sprünge usw.) ebenso gesondert üben.
• Dann langsam im Zusammenhang, später mit Rhythmusgerät bzw. zum eingespielten Playback üben.

Bei manchen Geräten kann man sogar die Melodie speichern, dann kann man sich schon einmal anhören, wie linke und rechte Hand zusammen klingen.

3) RECHTE UND LINKE HAND ZUSAMMEN

• Erst dann zusammenspielen, wenn beide Hände sicher und fehlerfrei laufen. Zunächst langsam ohne Rhythmusgerät.
• Nun mit Rhythmusgerät spielen und das Tempo langsam steigern.

Hat die linke Hand über mehrere Takte nur einen Akkord zu spielen, der bei Memory-Funktion ja nur einmal kurz angetippt wird, so kann man die Fill-in-Taste drücken und somit das Arrangement zum „Super Sound Arrangement" wachsen lassen.

Viel Spaß wünscht Ihr

Steve Boarder

Steve Boarder

Wer sich ganz gründlich ins Keyboardspiel einarbeiten will, dem empfehle ich die sechsbändige Schule meines Kollegen Axel Benthien: **Der neue Weg zum Keyboardspiel, ED 7280 bis ED 7285.**

KEYBOARD KLANGWELT MINI-LEXIKON

Accompaniment – Begleitung
Accompaniment Volume – Lautstärkeregler für die Begleitung
Arpeggio – Akkordzerlegung; harfenartige Begleitung
Auto Bass Chord – Automatische Akkord- und Baßbegleitung
Auto Harmonize – Zur Melodiestimme werden automatisch bis zu 4 weitere Stimmen hinzugefügt
Brass – Blechblasinstrumente
Celeste – elektronischer Effekt zur Erzeugung eines räumlichen Klanges
Chord Memory – Akkordspeicher
Chord Sequenz – → Chord Memory
Chorus – Elektronische Klangverdopplung
Da Capo al Fine – Von Anfang bis zu dem mit „Fine" gekennzeichneten Takt
Dal Segno al – vom Zeichen bis
Delay – Verzögerung (z. B. für verspäteten Einsatz des Vibratos)
Down – Nach unten
Duet – Automatische Zweistimmigkeit wie bei → Auto Harmonize
Ensemble – Gruppe von Musikern; auch Register, z. B. „String-Ensemble": klingt, als spielten mehrere Musiker
Fade Out – Lautstärke ausblenden
Fast – Schnell
Features – Besonderheiten (eines Keyboards)
Fill in – Einwurf
Fingered – Gegriffen
4 Bar Variation – 4-taktige Veränderung (z. B. durch das Schlagzeug)
Glide – Gleiten von Ton zu Ton

Glissando – → Glide
Handclaps – Händeklatschen
Intro – Einleitung
Main Volume – Regler für die Gesamtlautstärke
Master Volume – → Main Volume
Maximum – Maximum, Höchstmaß
Medium – Mittleres Tempo
Melody on Chord – → Auto Harmonize
Melody Volume – Lautstärkeregler für die Melodie
Memory – Nach Loslassen der Taste klingt der Akkord so lange weiter, bis der nächste gedrückt wird, bei einigen Geräten auch Aufnahmetaste
Minimum – Minimum, Mindestmaß
Mono Presets – Einstimmig spielbare Soloregister
OFC – One Finger Chord, Einfinger-Akkord-Automatik
Off – Aus
On – An
Pitch – Tonhöhe, Stimmung
Pitch Bending – Tonhöhenveränderung durch → Wheel
Play – Taste zur Wiedergabe des Gespeicherten
Poly Presets – Mehrstimmig spielbare Register
Power – Strom (zum Einschalten des Gerätes)
Portamento – → Glide
Presets – Festregister (meistens vom Werk vorprogrammiert)
Range Control – Schalter zur Bestimmung der maximalen Tonhöhenveränderung durch ein → Wheel
Record – Taste für Aufnahme (Akkordspeicher)
Reeds – Holzblasinstrumente

Reset – Taste zum präzisen Beenden einer Aufnahme
Reverb – Hall
Rhythm Selector – Wahlschalter für Begleitrhythmus
Rhythm Volume – Lautstärke-Regler für das Schlagzeug
Selector – Wahlschalter
SFC – Single Finger Chord, Einfinger-Akkord-Automatik
Slow – Langsam
Solo Presets – → Mono Presets
Strings – Streicher
Sustain – Das Nach- bzw. Ausklingen nach Loslassen der Taste
Synchro Start – Synchronisiert den Einsatz des Schlagzeugs mit dem Niederdrücken der Tastatur (im Begleitbereich)
Tone Selector – Wahlschalter für Klangfarbe
Transposer – Verändert die Grundstimmung (Tonart) des Keyboards
Tremolo – Schnelle elektronische Wiederholung eines Tons wie man es vom Mandolinenspiel her kennt
Unison – Gleichklang, Tonverdopplung
Up – Nach oben
Variation – Taste zur Veränderung (z. B. einer Begleitfigur)
Vibrato – Leichte Tonhöhenveränderung
Voice – Stimme
Volume – Lautstärke
Wheel – Handrad zur Tonhöhenveränderung oder Einblendung eines Effektes

© B. Schott's Söhne, Mainz, 1985

Give Me Peace On Earth

TIPS ZUM SPIELEN		MEIN SUPERSOUND	
Rhythmusgerät: **On**	Tempo: ♩ **ca. 76**	Rhythmusgerät:	Tempo:
Begleitrhythmus: **16 Beat**		Begleitrhythmus:	
Effekte:		Effekte:	
Registrierung: **Oboe**		Registrierung:	

● Beachte: Tonart G-Dur: f wird zu fis; Wiederholungszeichen; |1. und |2. ; *D.S. al* ⊕ – ⊕

Musik & Text: Dieter Bohlen

1. Love is ea-sy, ___ hate is wrong, find the

way, babe, ___ way back home. Give your heart, love nev-er dies ___ or a

lit-tle cloud ___ will cry. Be a dream-er, ___ be a fool, come we're
- ge-ther, ___ turn a dream. For the

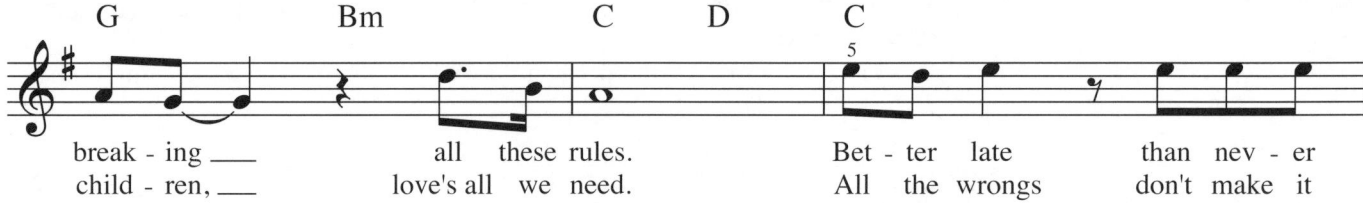

break-ing ___ all these rules. Bet-ter late than nev-er
child-ren, ___ love's all we need. All the wrongs don't make it

© 1986 by Hansa Musik Verlag GmbH/Hanseatic Musikverlag GmbH-Blue Obsession

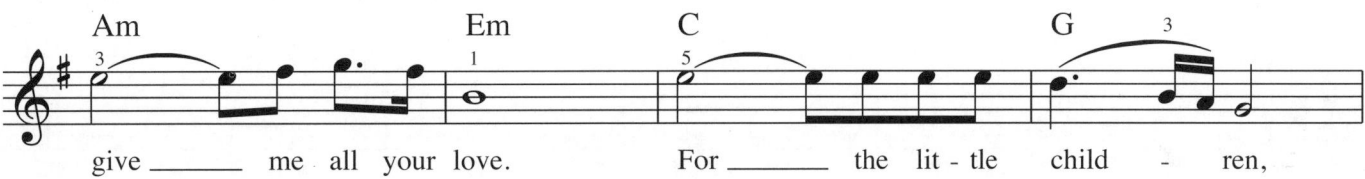
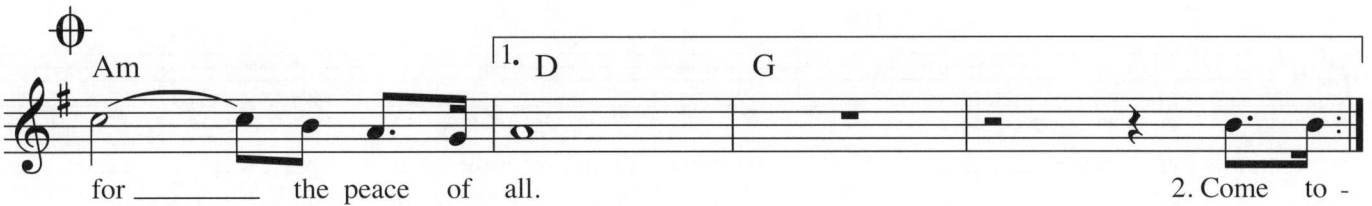
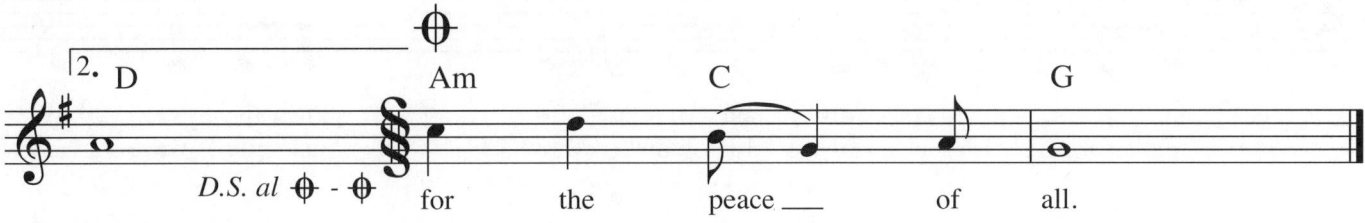

15

Jet Airliner

TIPS ZUM SPIELEN	
Rhythmusgerät: **On**	Tempo: ♩ ca. 124
Begleitrhythmus: **Euro Beat**	
Effekte:	
Registrierung: **Square Wave**	

MEIN SUPERSOUND	
Rhythmusgerät:	Tempo:
Begleitrhythmus:	
Effekte:	
Registrierung:	

● Beachte: Tonart D-Moll: h wird zu b; Wiederholungszeichen; |1. und |2.

Musik & Text: Dieter Bohlen

1. The times were hard and I was run - ing,
2. Love can breed mis - un - der - stand - ing

I could feel my chance was com - ing. An - oth - er time, an -
but my heart will soon be land - ing. An - oth - er love on

- oth - er place, a pil - low filled with fro - zen tears.
gold - en wings. Oh, I'll buy you dia - mond rings.

See the gates, a dis - tant fi - re shows the way to
Wait - ing for a lone - ly rain - bow ma - gic wave

© 1987 by Hansa Musik Verlag GmbH/Hanseatic Musikverlag GmbH-Blue Obsession

Lady Lai

TIPS ZUM SPIELEN	MEIN SUPERSOUND
Rhythmusgerät: **On** Tempo: ♩ ca. **78**	Rhythmusgerät: Tempo:
Begleitrhythmus: **16 Beat**	Begleitrhythmus:
Effekte:	Effekte:
Registrierung: **Sax**	Registrierung:

● Beachte: Tonart G-Moll: h wird zu b; Wiederholungszeichen; |1. und |2.

Musik & Text: Dieter Bohlen

© 1986 by Hansa Musik Verlag GmbH/Hanseatic Musikverlag GmbH-Blue Obsession

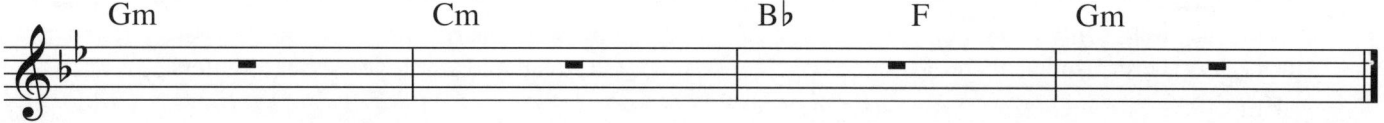

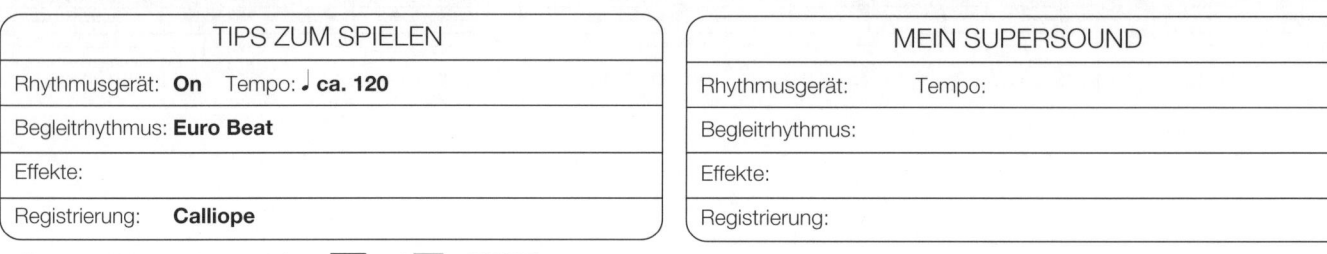

Angie's Heart

TIPS ZUM SPIELEN		MEIN SUPERSOUND	
Rhythmusgerät: **On**	Tempo: ♩ **ca. 125**	Rhythmusgerät:	Tempo:
Begleitrhythmus: **Euro Beat**		Begleitrhythmus:	
Effekte:		Effekte:	
Registrierung: **Perc Organ**		Registrierung:	

- Beachte: Tonart G-Dur: f wird zu fis; Wiederholungszeichen; |1. und |2.

Musik & Text: Dieter Bohlen

1. Ev-'ry litt-le mo-ment oh, she dreams of you. Half a mil-lion miles of love come true. How can you mend all the heart-aches you've made? What is ea-sy for two, it's so hard for one. What is gon-na hap-pen when the sum-mer's gone? How can you mend all the heart-aches you've made? Ba-by,

2. An-gie, there will ne-ver be an-oth-er you. If it does-n't fit that your dreams come true. How can he mend all the heart-aches he's made? Tears of love, you wast-ed for this love af-faire and his love will real-ly hurt you, oh, to care. How can he mend all the heart-aches he's made? Ba-by,

© 1986 by Hansa Musik Verlag GmbH/Hanseatic Musikverlag GmbH-Blue Obsession

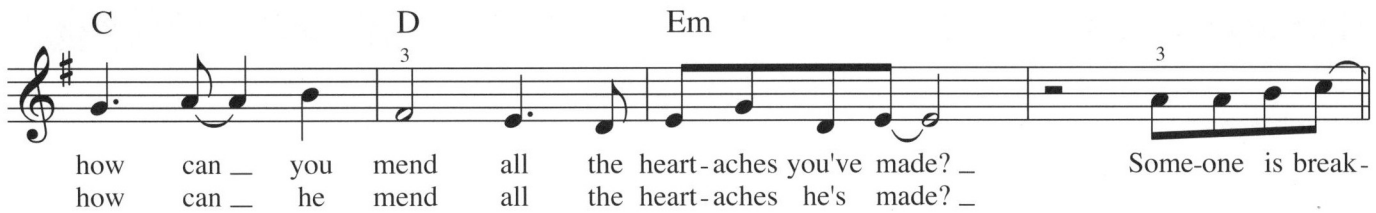

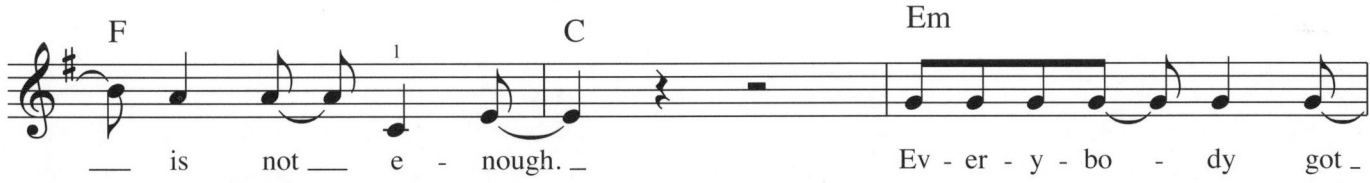
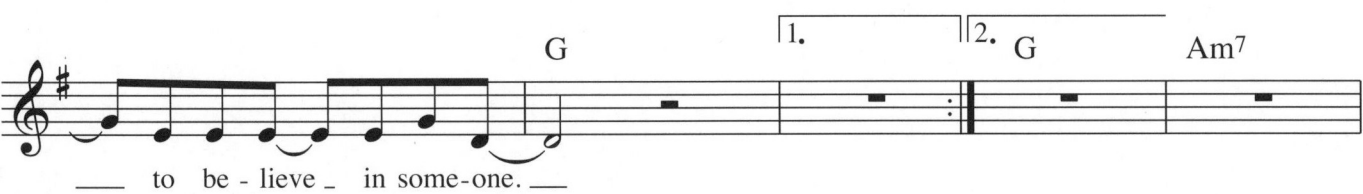
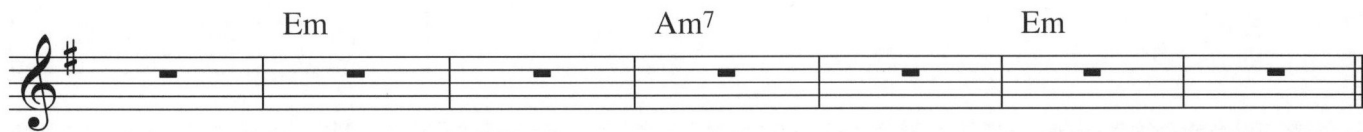

Inhalt

Angie's Heart	22
Atlantis Is Calling	10
Brother Louie	4
Cheri, Cheri Lady	6
Geronimo's Cadillac	12
Give Me Peace On Earth	14
In 100 Years	20
Jet Airliner	16
Lady Lai	18
You Can Win If You Want	8
You're My Heart, You're My Soul	2

Umschlagfoto: Manfred Esser

Das widerrechtliche Kopieren von Noten ist gesetzlich verboten und kann privat- und strafrechtlich verfolgt werden. Unauthorised copying of music is forbidden by law, and may result in criminal or civil action.